Tu cuerpo maravilloso

Ojos

por Imogen Kingsley

Bullfrog Books

Ideas para padres y maestros

Bullfrog Books permite a los niños practicar la lectura de texto informacional desde el nivel principiante. Repeticiones, palabras conocidas y descripciones en las imágenes ayudan a los lectores principiantes.

Antes de leer
- Hablen acerca de las fotografías. ¿Qué representan para ellos?
- Consulten juntos el glosario de fotografías. Lean las palabras y hablen de ellas.

Durante la lectura
- Hojeen el libro y observen las fotografías. Deje que el niño haga preguntas. Muestre las descripciones en las imágenes.
- Lea el libro al niño, o deje que él o ella lo lea independientemente.

Después de leer
- Anime a que el niño piense más. ¿Qué cosas te gusta ver? ¿Qué cosas no te gustaría tener que ver nunca?

Bullfrog Books are published by Jump!
5357 Penn Avenue South
Minneapolis, MN 55419
www.jumplibrary.com

Library of Congress Cataloging-in-Publication Data

Names: Kingsley, Imogen, author.
Title: Ojos / por Imogen Kingsley.
Other titles: Eyes. Spanish
Description: Minneapolis, MN: Jump!, Inc., [2018]
Series: Tu cuerpo maravilloso
"Bullfrog Books are published by Jump!"
Audience: Ages 5–8. Audience: K to grade 3.
Includes index.
Identifiers: LCCN 2017002896 (print)
LCCN 2017004780 (ebook)
ISBN 9781620318171 (hardcover: alk. paper)
ISBN 9781624966392 (ebook)
Subjects: LCSH: Eye—Juvenile literature.
Vision—Juvenile literature.
Classification: LCC QP475.7 .K564518 2018 (print)
LCC QP475.7 (ebook) | DDC 612.8/4—dc23
LC record available at https://lccn.loc.gov/2017002896

Editor: Jenny Fretland VanVoorst
Book Designer: Molly Ballanger
Photo Researcher: Molly Ballanger
Translator: RAM Translations

Photo Credits: Alamy: Fumio Nabata/AFLO, 4, 5, 6–7. Getty: PeopleImages, 18; kirin _ photo, 20–21. Shutterstock: Samuel Borges Photography, cover; szefei, 1; espies, 3; michaeljung, 8–9; mikeledray, 8–9; 3445128471, 10; Joseph Sohm, 11; altanaka, 12–13; Africa Studio, 14–15; Ben Schonewille, 16–17; Chinnapong, 16–17; Pair Srinrat, 16–17; OnlyZoia, 19; Tefi, 22; ivosar, 23tl; Tomsickova Tatyana, 23tr; Alex Mit, 23bl; IB Photography, 24.

Printed in the United States of America at Corporate Graphics in North Mankato, Minnesota.

Tabla de contenido

¡Mira, cuidado!

¡Mira, cuidado!

Una bola
de nieve.

4

Lin la ve.

Se mueve.

5

¡Los ojos son asombrosos!

Ellos reciben información.

La mandan al cerebro.

Es así como sabemos
lo que ven.

Podemos ver en color.

Wen mira el arcoíris.

9

Podemos ver desde muy lejos.

Dag ve un partido.

caracol

Podemos ver desde cerca.

Liam observa
a un caracol.

¿Cómo funcionan los ojos?

La pupila es negra.

Deja que entre la luz.

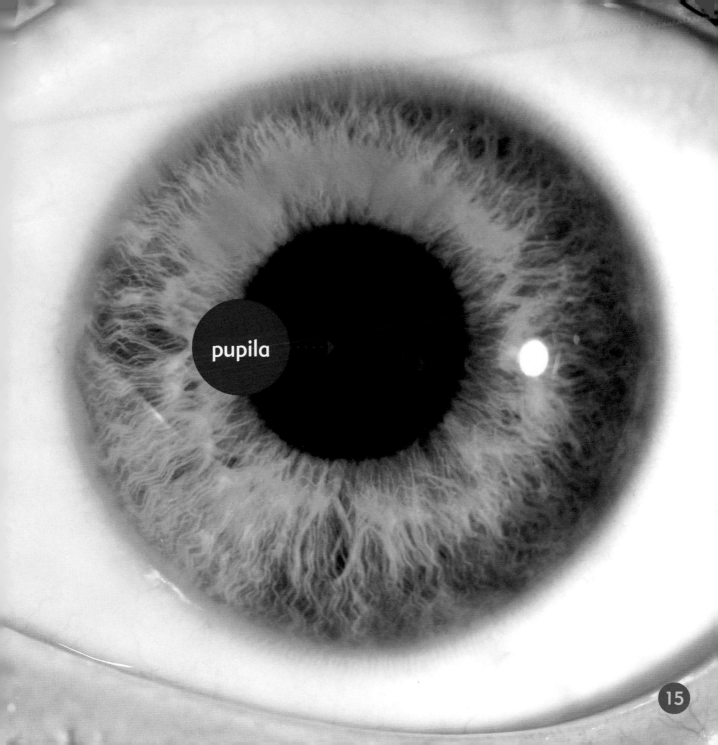

pupila

lente

El lente es claro.

Concentra la luz.

La retina tiene
bastoncillos y conos.

Ellos ven colores.

Ellos ven figuras.
Ellos mandan mensajes al cerebro.

Mira a tu alrededor.

Presta atención.

¿Qué es lo que ves?

Partes del ojo

retina
La pared trasera del ojo; es el lugar donde los bastoncillos y conos se encuentran, los cuales te permiten ver colores.

iris
La parte con color en el ojo; tiene músculos dentro de él que le permiten cambiar el tamaño de la pupila.

pupila
El círculo negro que deja que entre la luz al ojo.

lente
La parte clara del ojo que concentra la luz.

nervio óptico
El nervio largo que recibe mensajes y los manda al cerebro.

Glosario con fotografías

arcoíris
Un arco de colores diferentes que ocurre cuando la luz del sol brilla a través del agua.

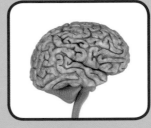

cerebro
El "centro de mensajes" de tu cuerpo.

caracol
Animal pequeño sin piernas, con un cuerpo suave y delgado y un caparazón en su espalda.

claro
Transparente.

Índice

Para aprender más

Aprender más es tan fácil como 1, 2, 3.

1) Visite www.factsurfer.com

2) Escriba "ojos" en la caja de búsqueda.

3) Haga clic en el botón "Surf" para obtener una lista de sitios web.

Con factsurfer.com, más información está a solo un clic de distancia.